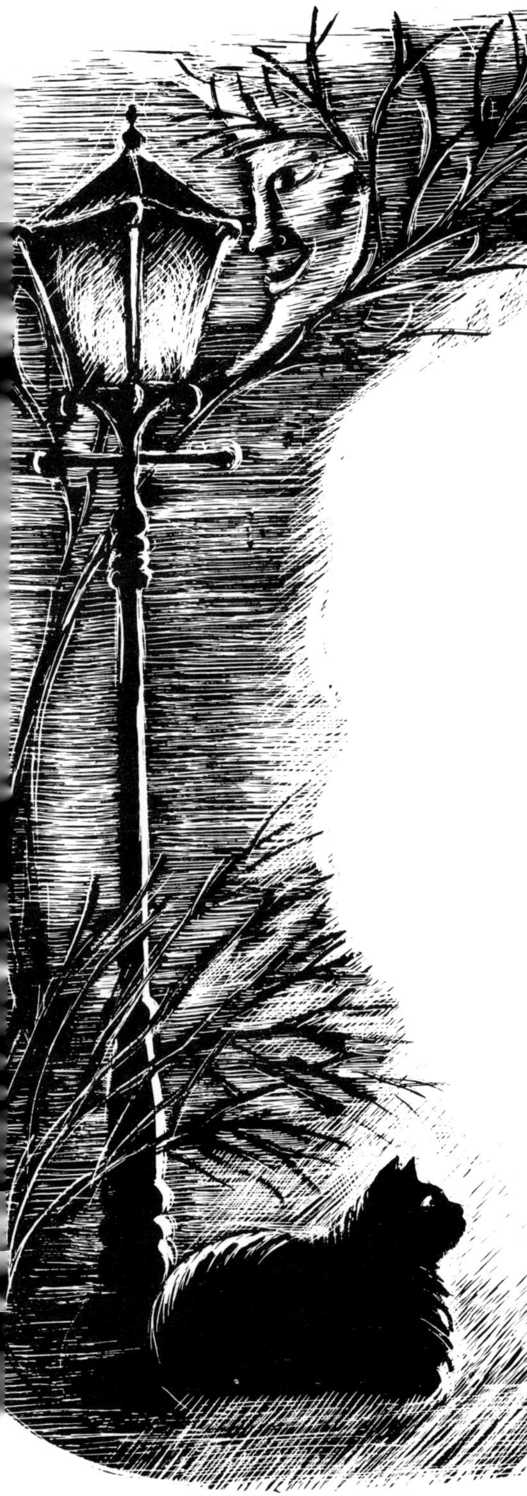

CATS

Die schönsten Songs
aus dem Musical von
Andrew Lloyd Webber
nach den Texten von
T.S. Eliot

Deutsch von Michael Kunze
Illustrationen von Ann Aldred

Bärenreiter
Kassel · Basel

Originalausgabe © 1989 unter dem Titel: *Cats Easy Piano Picture Book*,
Faber & Faber Limited in Verbindung mit Faber Music Limited
Illustrationen © 1989 Ann Aldred
Musik © 1980 und 1981 The Really Useful Company Limited
Texte von T.S. Eliot © 1939 T.S. Eliot; Texte für diese Ausgabe © 1980 und 1981 Set Copyrights Limited
Text *Jellicle Songs for Jellicle Cats* ©1981 Trevor Nunn / Richard Stilgoe / Set Copyrights Limited
Text *Memory* ©1981 Trevor Nunn / Set Copyrights Limited
Deutsche Übersetzungen aller Liedtexte von Michael Kunze ©1983 Faber & Faber Limited
Umschlag (TM) © 1981 The Really Useful Company Limited

Satz: weckner fotosatz GmbH, Göttingen
Druck und Verarbeitung: Druckerei Ernst Uhl, Radolfzell

Printed in Germany

ISBN 3-7618-0954-9

WELCOME TO THE JELLICLE BALL

Jellicle-Katzen

Musik: Andrew Lloyd Webber. Text: Trevor Nunn
und Richard Stilgoe nach T. S. Eliot.

Rhythmisch
Jel - li - cles, das ist Jel - li - cles Art, Jel - li - cles Art und Jel - li - cles
D G D
zur Coda
Stil, Jel - li - cles Stil und Jel - li - cles Art, Jel - li - cles Art und Jel - li - cles
G6 A D G A
DS al Coda
CODA
Stil. Kommst du, Stil.
D G A D G A D

Die alte Gumbie-Katze

Musik: Andrew Lloyd Webber
Text: T. S. Eliot

sitzt und sitzt und sitzt und sitzt, denn Gum - bie - Kat - zen tun das so, Gum - bie -
Am7 Am6 Em7 Fmaj7 B♭7 B7 C7
FINE
Schneller
Kat - zen tun das so. Doch sind die Ge - schäf - te des Ta - ges ge - tan, fängt für
Am7 Bm7 B7 Em Cm B(♭5) E♭/B♭ Adim
ei - ne Gum - bie - Kat - ze die Ar - beit erst an. Die an - dern gehn schla - fen und lö - schen das Licht, sie
A♭7 G7 Cm Cm B(♭5) E♭/B♭ Adim

schleicht in den Kel - ler und
tut ih - re Pflicht. Das ist
gar nicht so leicht, denn die
Mäu - se sind schlimm: Ih - nen
A♭7
G7
Cm
A♭
B♭/D
B♭
fehlt die Kul - tur, ih - nen
fehlt der Be - nimm. Doch
hat sie's ge - schafft, sie in
Rei - he zu brin - gen, dann
E♭
E♭maj7
A♭maj7
D♭
D♭
Sehr langsam
ritard.
DS al Fine
lehrt sie sie Nä - hen und
Hä - keln und Sin - gen.
Die
G7
G7/B
Cm

Bustopher Jones

Musik: Andrew Lloyd Webber
Text: T. S. Eliot

ganz ta - del - lo - sen, ge - bü - gel - ten Ho - sen, kein an - drer ist so e - le - gant. Al - len
C G7 C G C
Kat - zen im Land __ ist er bes - tens be - kannt als ein Ka - ter, der Le-bens - art hat. Im - mer
F Am B♭ C
Geld in den Ta - schen, mit wei - ßen Ga - ma - schen, geht Bu - sto - pher Jones durch die Stadt.
C G7 C G C

„Ich fördre die Bemühung vom Verband für Volkserziehung.
Man kann dort nicht Mitglied sein, bevor man verspricht,
Man geht gleichzeitig nicht auch zum Höheren Bildungsverein.
Heut speis' ich französisch und morgen chinesisch,
Gestern hatte ich Scampi mit Nudeln,
Doch jetzt steht mir der Sinn nach der Küche aus Wien,
Nach Tafelspitz, Nockerln und Strudeln."
Allen Katzen im Land ist er bestens bekannt
Als ein Kater, der Lebensart hat.
Immer Geld in den Taschen, mit weißen Gamaschen,
Geht Bustopher Jones durch die Stadt.

„Mir geht's rundherum gut,
Ich bin ausgeruht und genieße,
Was immer ich tu.
Ich freu mich meiner Zeit
Und ich leb hier und heut."
Wohlbeleibt, aber niemals ganz satt,
Geschätzt und gepflegt, vom Frühling belebt,
Geht Bustopher Jones durch die Stadt.

Alt-Deuteronimus

Musik: Andrew Lloyd Webber
Text: T. S. Eliot

er stun - den - lang, weil er sich heu - te scho - nen muß, in der
G G F♯/G F/G F♯/G
Son - ne vorm Pfarr - haus und blickt auf die Welt mit gü - ti - gem,
G G F♯/G F/G E♭
mil - dem Ge - sicht. Ist er's wirk - - lich?
D♭ B♭ D G G

Kann ich es glau - ben, was mei - ne Au - gen dort sehn ___
G Fm G G Dm
___? Viel - leicht ist es nur ei - ne Traum - phan - ta -
Am Bm C
sie, doch mir scheint, da kommt Alt - Deu - te - ro - ni - mus.
D B♭ D G

Skimble von der Eisenbahn

Musik: Andrew Lloyd Webber
Text: T. S. Eliot

Nachts um elf auf Bahn - steig neun, nie - mand steigt mehr aus noch ein, längst ver -
Kof - fer - trä - ger, Bahn - be - am - te, des Sta - tions - vor - ste - hers Tan - te, al - le
C G/B Am C/G
staut sind Post - sack und Ge - päck_, al - le fra - gen: „Wo ist Skim - ble?“ Und der
su - chen hier_ und_ dort_, al - le fra - gen: „Wo ist Skim - ble?“ Und der
F F C C Dm/C G7/C
Grund da - für ist sim - pel: Oh - ne Skim - ble fährt der Zug nicht weg.
Grund da - für ist sim - pel: Oh - ne Skim - ble fährt der Zug nicht fort.
C9/G C/G Em F C

Wenn's auf elf Uhr zwan - zig geht, und der Zug noch im - mer steht, und die Rei - sen - den am
C C E♭/C Dm/C C C
Fen - ster schim - pfen schon, bin ich auf ein - mal da und sag läs - sig bloß: Ich
E♭/C Dm/C F Am/E F9
war noch be - schäf - tigt im Ge - päck - wag - gon.
C/E F Am/E F9/D G

Wie ein grü - ner Blitz blinkt sein Kat - zen - blick, da springt das Sig -
G7 C G/B Am F
nal auf „Start“. Und schon geht es los, in den
F F/C C Dm/C G7/C
DS al Fine
Nor - den hoch, quer durch Eng - land geht die Fahrt.
C9/G F9 Em F F/G C

10553
WASH BASIN
TO USE PULLOUT
FRAGILE

LMS
6206

Memory (Erinnerung)

Musik: Andrew Lloyd Webber
Text: Trevor Nunn nach T. S. Eliot.

Glück wirk-lich ist, fängt ein neu - - - es Le ben an.
Glück wirk-lich ist, wa-rum muß - - - te es ver - gehn.
Am Am7 G F C
Schick - sals - zei - chen schat - - ten - gleich, an fen - ster - lo - sen Wän - den
Aus - ge - brann - te Wirk - - lich - keit, von kal - tem Rauch um - ge - ben
Em Em/F Dm/F Em Em/F Em C D G

Fer - ne Stim - men, Lich - ter, die ver -
Doch schon ist wie - der ei - ne Nacht vor -
Em A7 D
glim - men, jetzt muß die Nacht bald en - - den
ü - ber, der Schlei - er wird sich he - - ben
cresc.
Gmaj7 Em Em/A A7 D
Hoff - nung, in mir lebt noch die Hoff - nung
Spür mich, komm zu mir und be - rühr mich
mp
C Am

3
—, daß ich nicht ein-fach ster - be —, wie die Ker - ze im Wind —
—, nimm von mir die Er - in' - rung —, lös mich aus ih - rer Bahn —
1 2 1
F
1 2 1
Em
2 2
—. Wenn es hell wird, wird die - se Nacht Er - in - ne - rung sein —
—. Komm, be - rühr mich und du ver - stehst, was Glück wirk-lich ist —
1 2
Dm
1 2
Am
Am7
2 1
4
—, und ein neu - er — Tag be - ginnt.
—, schau, ein neu - er — Tag fängt an.
2
Am
G
1 2 1
F/G
C
2

Mr. Mistoffelees

Musik: Andrew Lloyd Webber
Text: T. S. Eliot

Er ist ruhig und nur klein von Gestalt,
Er ist schwarz von den Ohr'n zu den Zeh'n
Und er kriecht durch den winzigsten Spalt,
Kann auf schmalstem Geländer noch gehn.
Er verblüfft jeden Tag jung und alt,
Seine Kartentricks sind sehr gefragt,
Und man darf nicht vergessen,
daß er nach dem Essen
Noch im Haus die Mäuse verjagt.
Er läßt Korken verschwinden vom Tisch,
Doch das ist erst der Anfang der Schau;

Da lag eben noch neben dem Fisch
Eine Gabel, das weißt du genau.
Plötzlich ist sie verschwunden und ist nicht mehr hier –
Später findet man sie im Beet vor der Tür.
Alle staunen:

Rhythmisch
A - bra - ka- da - bra, welch ein Ka - ter, der wun - der - ba - re und ma - gi - sche
F C/E Gm7 C7 F
Mis - ter Mis - tof - fe - lees!
F/A B B♭/C
zuletzt zur Coda
Frei
Jetzt hat die - ser Ka - ter—wer
C
kann, ja der kann— acht Kätz - chen ge - zau - bert ins Haus ne - ben - an. Al - le stau - nen:
C7
DS al Coda
CODA
F F